Inhaltsverzeichnis

nachspuren, schreiben, malen

erkennen

hören

lesen

Feld zum Markieren erledigter Aufgaben

*abgebildete Nomen mit dem jeweiligen Artikel benennen

*abgebildete Nomen mit dem jeweiligen Artikel benennen

B b

1

B B B

b b b b

2

B b 

1

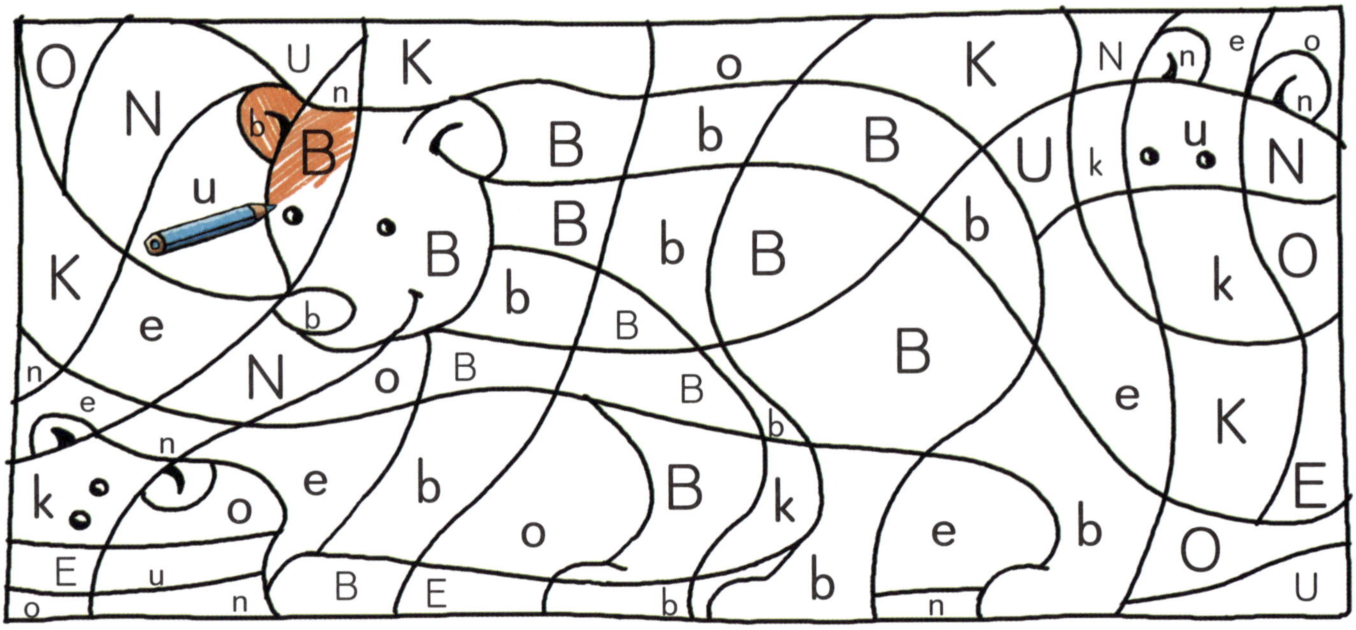

2

A	s
B	o
O	u
S	b
U	a

l	K
e	M
k	L
a	E
m	A

Felder mit B/b ausmalen;
Groß- und Kleinbuchstaben verbinden

B b

1

2

abgebildete Nomen mit Artikel benennen; Bildwörter mit dem B/b-Laut einkreisen (Anlaut, Inlaut); Stellung des B/b-Lautes abhören (Anlaut, Inlaut)

B b 

1

In allen
Silben
a, e, i, o, u!

Bus

u

Ball

a

Besen

a a e

Banane

e e

e

Blume

u e

Bett

abgebildete Nomen mit Artikel benennen; Silbenbögen einzeichnen, mit den passenden Silbenbögen verbinden

B b

1 B b B b

Bus Bus

Blume Blume

Bett Bett

Ball Ball

toben toben

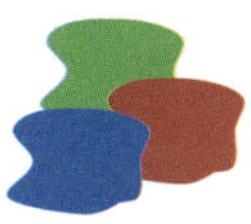
bunt bunt

bin bin

2

Bus Bus Bus Bus Bus

Ball Ball Ball Ball Ball

bin bin bin bin bin bin

B b 

1

1 Imos Ball ist bunt.

2 Mama und Papa lesen.

3 Imo und Lisa toben im Bad.

2

~~Imo~~ | Lisa | Tim | ~~mit~~

Lisa | ~~tobt~~ | mit | tobt

Imo tobt m

Sätze zuordnen, Bilder vervollständigen;
Satz schreiben

B b

1

Tim bastelt	mit Imo.
Papa tobt	im Bus.
Lisa ist	mit Dosen.

2

Tim

B b

1

Besen	○	Ball	○	Bad	○
Blume	☒	Bus	○	Bus	○
Banane	○	Bild	○	Bett	○

2

Bett

Blu_e

_anane

B_s

Be_en

B_ll

Zutreffendes Wort ankreuzen;
fehlende Buchstaben ergänzen

1 Anne bummelt

Lesepate:

F f

1

F F f f

Foto Elefant Sofa

Affe finden Tafel

2

F F F

f f

F f F f

F/f nachspuren, Wörter mit F/f lesen; F/f schreiben

F f

1

2

abgebildete Nomen mit Artikel benennen; Bildwörter mit dem F/f-Laut einkreisen (Anlaut, Inlaut, Auslaut); Stellung des F/f-Lautes abhören (Anlaut, Inlaut, Auslaut)

F f 

1

Saft

o o

Foto

a

Tafel

a e

Telefon

e e o

o a

E e a

Sofa

Elefant

abgebildete Nomen mit Artikel benennen; Silbenbögen einzeichnen, mit den passenden Silbenbögen verbinden

F f

1 F f F f

Foto Foto

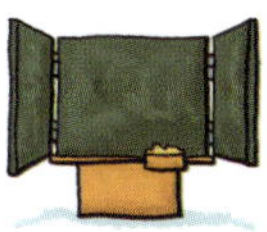

Tafel Tafel

Saft Saft

Telefon Telefon

Elefant Elefant

Sofa Sofa

finden finden

2

Foto Foto Foto Foto Foto

Tafel Tafel Tafel Tafel

Saft Saft Saft Saft Saft

F f

1

Affen am Felsen

Lisa: Am Felsen sind Affen!
Lass uns Affen filmen!

Tim findet Lisas Idee toll.

Tim: Und nun?

Lisa: Da baden Elefanten.
Filme das mal!

Tim filmt Elefanten.

2

Sofa ✶ Oma ✶ Foto ✶ Lola

Foto

Ofen ✶ Telefon ✶ Mama

Esel ✶ Banane ✶ Elefant

F/f im Text einkreisen, Text lesen;
zum Bild passendes Wort einkreisen und schreiben

F f

1

Mama findet	Elefanten.
Lisa filmt	das Bild toll.
Anna ist	am Telefon.

2

Mama

passende Wortgruppen zu Sätzen verbinden;
Sätze schreiben

1

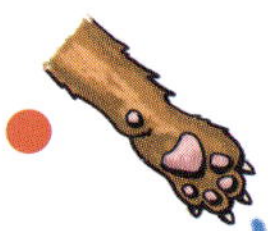

Kopf

Apfel

Topf

Pfote

2

Am Imbiss

Lisa nimmt den Nudeltopf.
Im Nudeltopf ist Salami.

Imo bellt.
Imos Pfoten sind nass.
Pfui, Imo! Lass das!

abgebildete Nomen mit Artikel benennen; Wörter den Bildern zuordnen und schreiben; Pf/pf im Text einkreisen, Text lesen

F f 

1

Elefant | Fo_o | Ta_el

2

Lisa und Uli baden in Omas Kiste.

Lisa und Uli finden Omas Kiste. X

In Omas Kiste sind Fotos.

In Omas Kiste sind Telefone.

Es sind Fotos mit Elefanten.

Es sind Fotos mit Oma als Kind.

fehlende Buchstaben ergänzen;
passende Sätze ankreuzen

F f

1 Fabian bastelt

Fabian bastelt.
Fabian faltet das Blatt.
Fabian bemalt das Blatt.

2 Dann beklebt Fabian
das Blatt mit alten Fotos.
Es sind Fotos mit Fabian,
Mama, Papa, Oma und Opa.

Unten ist das Foto
mit F__________ und dem Ball.

Daneben ist das Foto
mit ______________________.

Lesepate:

Text lesen und mit Hilfe der Bilder ergänzen;
Text mit dem Lesepaten abwechselnd lesen

Ei ei

1

Ei Ei

ei ei ei

2

Ei Ei Ei

ei ei

Ei ei Ei ei

Ei ei 

1 Eis Seife Kleid

Bein Pfeife klein

Seite bleiben eins

Ameise fein Ei

teilen leise eins

2

A	D	E	P	F	N	K	Ei	B
a								

l	b	u	ei	d	a	s	t	i
l								

Ei/ei in den Wörtern nachspuren, Wörter mit Ei/ei lesen;
Groß- und Kleinbuchstaben ergänzen

Ei ei

1

2

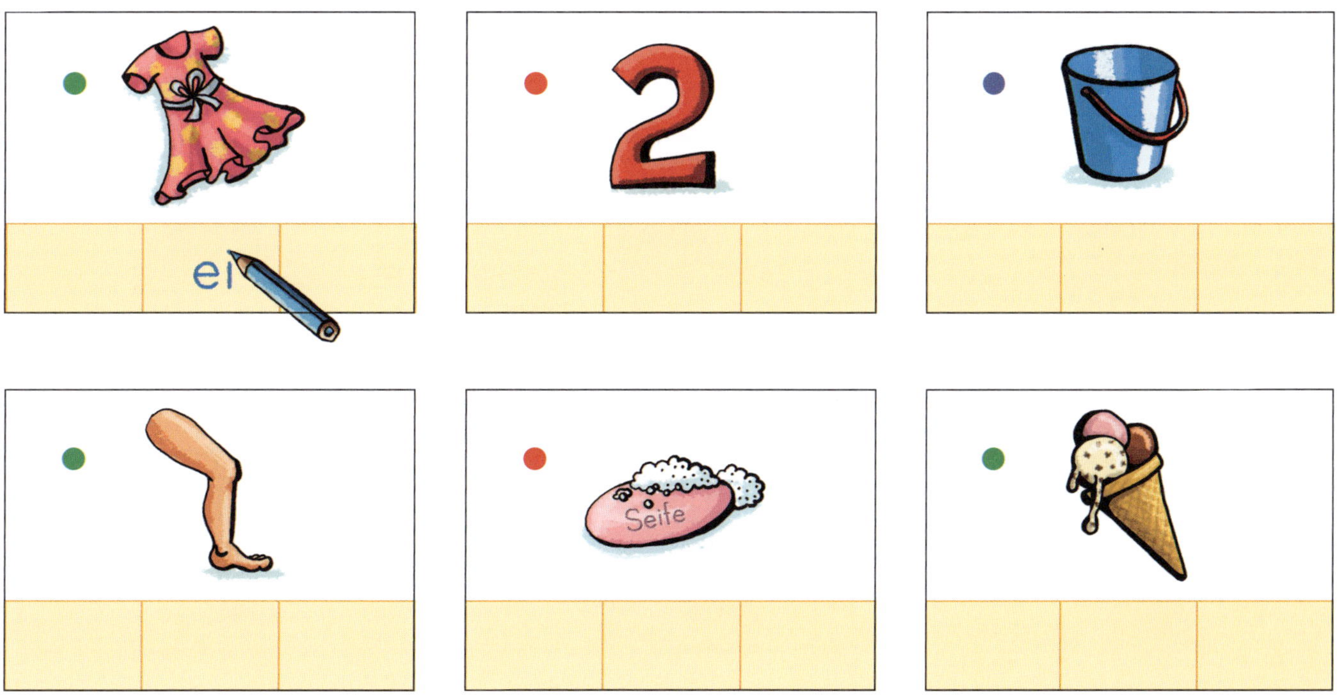

abgebildete Nomen mit Artikel benennen; Bildwörter mit dem Ei/ei-Laut einkreisen (Anlaut, Inlaut, Auslaut); Stellung des Ei/ei-Lautes abhören (Anlaut, Inlaut, Auslaut)

Ei ei 

1

Pfeife

Seife

Eis

In allen ◡
a, e, i, o, u oder ei.

Seite

Kleid

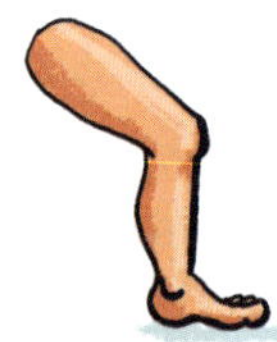

Bein

2

~~Bein~~ | Seil | Pfeife | Seite

◡	◡◡
Bein	

abgebildete Nomen mit Artikel benennen; Vokale einkreisen, Silbenbögen zeichnen, lesen; Wörter nach der Anzahl der Silben sortieren

Ei ei

❶ Ei ei — Ei ei

Eis — Eis

Kleid — Kleid

Seife — Seife

Bein — Bein

Pfeife — Pfeife

teilen — teilen

nein — nein

❷

ein Eis ein Eis ein Eis
ein Kleid ein Kleid
eine Seife eine Seife

SOl Seil
BOn Bei
nOn
ROse

Ei ei 

1

S ei	fe		
Pf	te		Sei
S	fe		

2

Bein Pfeife Seife ~~Eis~~ Seite Kleid

ein	eine
ein Eis	

Silben verbinden;
Wörter nach ein/eine sortieren

1 Das Nest

Lisa ist | im Eis | am Seil |.

Das Seil ist | an einem Ast | an einem Kleid |.

Neben dem Seil ist | eine Ameise | ein Nest |.

2

☺ ☹

Sätze passend ergänzen;
Lolas Frage mit „ja“ oder „nein“ beantworten

Ei ei 

1

ein Keks ○	ein Pfeil ○	ein Ei ○
ein Kleid ☒	eine Feile ○	ein Eis ○
ein Keil ○	eine Pfeife ○	ein Seil ○

2 Tim kneift Uli ins  .

Tim kneift Uli ins Bein.

Ali teilt sein  mit Lea.

Dana findet eine  .

Lisas  ist bunt.

passende Wörter ankreuzen;
Sätze schreiben

Ei ei

❶ **Das ist ein …**

Lisa: Das ist ein Ei.

Tim: Nein, das ist kein Ei.
Da ist Fell.
Und da ist Eis.

Lisa: Das sind Beine!
Es sind Beine mit Pfoten.

Tim: Das kann ein Kamel sein.

Lisa: Meinst du?
Leben Kamele im Eis?

Nein!
Das ist ein ___

Lesepate:

❷ Alles mit Ei, ei:

ein, Ei,

Text mit dem Lesepaten in verteilten Rollen lesen, Rätsel lösen;
Wörter mit Ei, ei aus dem Text aufschreiben

R r

1

R R r r

Roller lernen Rose

rot Eimer Rad

2

R R R

r r

R r R r

R/r nachspuren, Wörter mit R/r lesen; R/r schreiben

R r

1

2

R r 

1

Brot

reiten

ei e

o

Turm

lernen

e e

u

o e

u e

Rose

rufen

abgebildete Nomen mit Artikel benennen; Vokale einkreisen, Silbenbögen einzeichnen, mit den passenden Silbenbögen verbinden

R r

1 R r R r

Roller Roller

Rose Rose

Rad Rad

Brot Brot

rufen rufen

reiten reiten

rot rot

2

das Brot das Brot

das Rad das Rad

der Roller der Roller

Buchstaben und Wörter nachspuren und abschreiben;
Wortgruppen abschreiben

1 **Rate mal!**

Er lebt am Ast.

Rot kann er sein.

Reif muss er sein.

Rund ist er meist.

Tipp: Du kannst den A essen.

2

rosa ★ lila ★ rot ★ rund

Ritter ★ Rakete ★ Radio

Kamera ★ Roller ★ Rad

Leiter ★ Reise ★ Rose

R/r im Text einkreisen, Text lesen und Rätsel lösen;
zum Bild passendes Wort einkreisen und schreiben

R r

1

ein Tell___ eine Leit___

ein Eim___ ein Roll___

2 Rad Roller ~~Teller~~ Brot

• der	• das
der Teller	

Endung -er ergänzen, nachspuren, lesen;
Wörter nach dem Artikel ordnen

R r

1 [1] Im Fluss ist ein Monster.
[2] Der Ritter nimmt ein rotes Seil.
[3] Der Ritter fesselt das Monster.

2  Papa reitet das Pferd.

 Der Ritter

Sätze zuordnen, Bilder vervollständigen;
Sätze schreiben

R r 

1 Ritter Turm Rosen

Der  reitet ins Dorf.

Der Ritter

Er nimmt  mit.

Am  trifft er Rubina.

2

Der Ritter reitet ein Pferd. ☒

Der Ritter fesselt das Pferd. ○

In seinem Arm ist das Pferd. ○

In seinem Arm sind Rosen. ○

Er kommt an ein Tor. ○

Er kommt an einen Turm. ○

Sätze schreiben;
passende Sätze ankreuzen

R r

1 Nora und Robin

Robin ist kleiner als andere Kinder.
Keiner redet mit Robin.
Da kommt Nora.
Nora ruft: Du bist kleiner als mein Bruder!
Aber mein Bruder ist erst drei!
Robin meint: So ein Unsinn!
Nora ruft: Sei leise, du kleiner Dummi!
Robin ruft: Du bist selbst dumm!
Robin tritt Nora ans Bein.
Da kommt Ramin.

Lesepate:

2 Ramin meint:

- ◯ Lasst das nun!
- ◯ Tritt fester, Robin!
- ◯ Seid nett!

Text mit dem Lesepartner in verteilten Rollen lesen / szenisch darstellen; eine Lösung ankreuzen und abschreiben; verschiedene Lösungen spielen; besprechen

H h

1

2

H h 

1 Hut Hals Haare

helfen Hase Hai

haben Hose

holen Hund hell

Hand Himmel

2

E	B	K	U	F	D	H	R	Ei
e								

r	h	m	p	a	f	ei	b	l
R								

H/h in den Wörtern nachspuren, Wörter lesen;
Groß- und Kleinbuchstaben ergänzen

1

2

abgebildete Nomen mit Artikel benennen; Bildwörter mit dem H/h-Laut einkreisen (Anlaut, Inlaut); Stellung des H/h-Lautes abhören (Anlaut, Inlaut)

H h

1

helfen

husten

e e

a e

u e

ei e

halten

reiten

2

~~Hand~~ Hase Hund Hose

Ha

Vokale einkreisen, Silbenbögen einzeichnen, mit den passenden Silbenbögen verbinden; Wörter nach der Anzahl der Silben sortieren

H h

1 H h H h

Hose Hose

Hand Hand

Hase Hase

Helm Helm

halten halten

husten husten

helfen helfen

2

eine Hose eine Hose

ein Hase ein Hase

ein Helm ein Helm

Buchstaben und Wörter nachspuren und abschreiben;
Wortgruppen abschreiben

H h 

1 Lisa muss im Bett bleiben

Lisa muss oft | husten | heiraten | .

Papa fasst | Lisas Topf | Lisas Kopf | an.

Unten | am Helm | im Hof | sind Tim und Uli.

Aber Lisa muss | im Bett | im Bad | bleiben.

2 Lisa hat Husten und nimmt:

- ◯ Tomatensaft
- ◯ Apfeltee
- ◯ Hustensaft

Lisa nimmt

Sätze passend ergänzen;
richtige Antwort ankreuzen, Satz schreiben

1 So muss man einen Hamster halten

Hamster haben ein Fell. ○
Hamster haben Hosen an. ○

Hamster haben Helme. ○
Hamster haben Pfoten. ○

Hamster fressen Eis. ○
Hamster fressen Salat. ○

Hamster klettern und rennen oft. ○
Hamster sehen oft Filme. ○

H h 

1

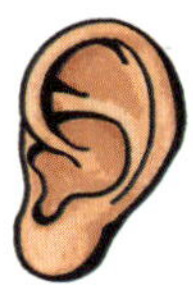

ein Lehrer

ein Sohn — ein

eine Kuh

ein Ohr

eine Fahne

eine Uhr

2 Im Hof

Um elf Uhr soll Tim bei Dana sein.

Tim kommt ohne Fahrradhelm.

Dana holt ihm ihren alten Helm.

Beide nehmen ihre Helme und fahren los.

Wörter den Bildern zuordnen und schreiben;
-ah, -eh, -ih, -oh, -uh im Text einkreisen, Text lesen

H h 

1 Hannas Helm

Hanna trifft Leo im Park.

Hanna nimmt ihren Helm
und rast mit Leos Fahrrad los.
Die erste Runde ist toll.
Aber dann knallt Hanna an eine Laterne.

Hanna kippt mit dem Fahrrad um.
Leo ruft: Alles klar, Hanna?
Ist dein Kopf heil?
Hanna: Na klar, mein Helm ist toll!

Lesepate:

2

Hanna trifft Leo im ________.

Hanna knallt an eine ________.

Hannas ________ ist toll.

Text mit dem Lesepartner lesen und darüber sprechen;
Textstellen unterstreichen, Sätze passend ergänzen

W w 

1 W w w

Wald weinen wann

was Wolke warum

2 W W W

w w

W w W w

W/w nachspuren, Wörter lesen; W/w schreiben

W w 

1

2

abgebildete Nomen mit Artikel benennen; Bildwörter mit dem W/w-Laut einkreisen (Anlaut, Inlaut); Stellung des W/w-Lautes abhören (Anlaut, Inlaut)

1

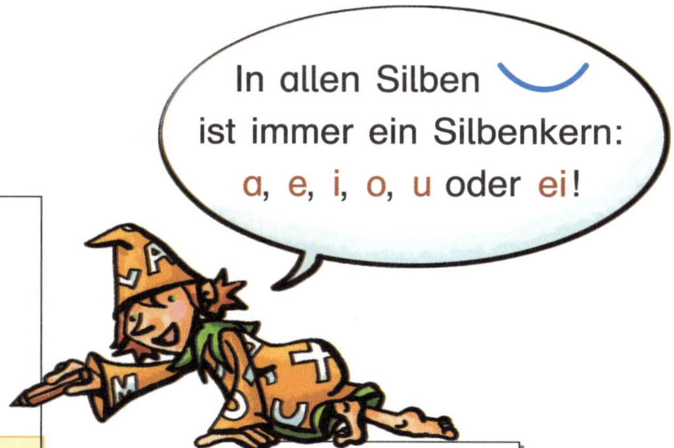

Wolke

ei e

o e

weinen

Wurst

e e

u

werfen

i e

a e

Wasser

wippen

abgebildete Nomen mit Artikel benennen; Vokale (Silbenkerne) einkreisen, Silbenbögen einzeichnen, mit den passenden Silbenbögen verbinden

W w

1 W w W w

Wal Wal

Wolke Wolke

Wasser Wasser

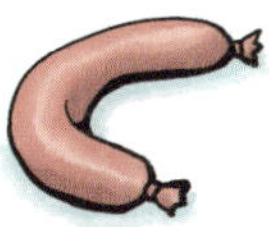

Wurst Wurst

Wald Wald

werfen werfen

weinen weinen

2

wir werfen wir werfen

wir weinen wir weinen

wir wippen wir wippen

Buchstaben und Wörter nachspuren und abschreiben;
Wortgruppen abschreiben

W w

1 **Was Kinder wissen wollen**

Wo ist das Ende der Welt?

Wo kommen Wolken her?

Warum ist es im Winter kalt?

Warum ist eine Banane krumm?

2

Wurm ★ wer ★ Wal ★ Welle

Windel ★ Wurm ★ Wolf

Wolle ★ Wolke ★ Wanne

W/w im Text einkreisen;
zum Bild passendes Wort einkreisen und schreiben

W w

1

Wald
Wand
Wolle ☒

Wasser
Welle
Wolle

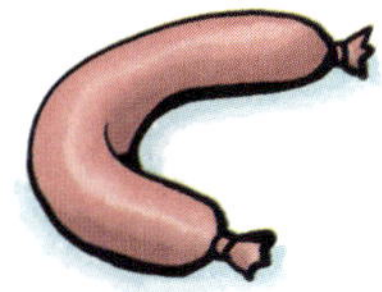

Wurm
Wurst
Wal

2

Lisa	wandert	eine Wurst.
Opa	will	im Wasser.
Imo	ist	im Wald.

3

Lisa

passende Wörter ankreuzen;
passende Sätze bilden und schreiben

W w

1

Wo leben Wale?	Wale leben im Wasser.	☒
	Wale leben im Wald.	○
Was fressen Hasen?	Hasen fressen Kekse.	○
	Hasen fressen Salat.	○
Wer kann bellen?	Eine Ameise kann bellen.	○
	Ein Hund kann bellen.	○

2 Was kann ein Kind?

Was kann ein Kind?

Ein Kind kann

Was kann ein Kind?

Was

Ein

passende Sätze ankreuzen;
Sätze schreiben

W w

1 **Wale**

In allen Meeren der Welt leben Wale.

Wale finden ihr Futter im Wasser.

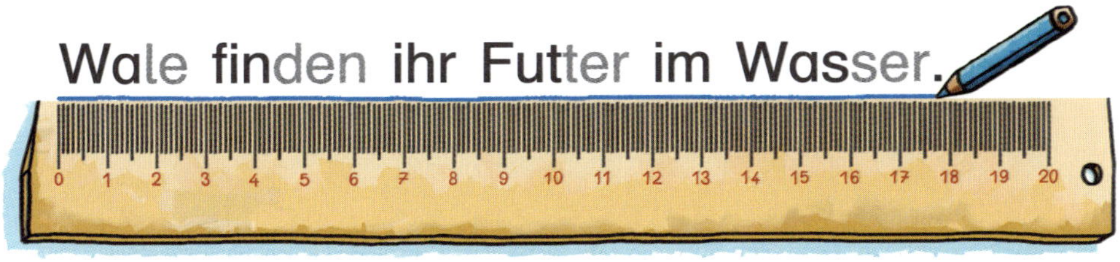

Ein Wal hat Flossen.

Wale bekommen ihre Kinder unter Wasser.

Delfine sind ebenfalls Wale.

Delfine leben im Meer oder im Fluss.

2 Wo finden Wale ihr Futter?

Wale finden ihr Futter

Wo bekommen Wale ihre Kinder?

W w

1 Tim will alles wissen

Tim: Opa, warst du mal klein?

Opa: Na klar!

Tim: Wann musstest du abends ins Bett?

Opa: Wir haben erst Essen bekommen.
Dann mussten wir baden und dann ins Bett.

Tim: Wann hast du
dein erstes Fahrrad bekommen?

Opa: Mit elf.

Tim: Hattest du einen Hund?

Opa: Nein, leider durften wir
keinen Hund haben.

Tim: Durftest du fernsehen, wann du wolltest?

Opa: Nein. Wir durften
nur mit unseren Eltern
fernsehen.

Lesepate:

2 Tim: Wann ...? Was ...? Wo ...? Wer ...?

Text mit dem Lesepaten in verteilten Rollen lesen;
weitere Fragen aufschreiben